$Lb\ ^{49}/_{491}$

DE LA LIBERTÉ

DE LA PRESSE

DANS

LA MONARCHIE REPRÉSENTATIVE.

DE LA LIBERTÉ

DE LA PRESSE

DANS

LA MONARCHIE REPRÉSENTATIVE ;

PAR

CHARLES HIS.

PARIS,

CHEZ LES LIBRAIRES DU PALAIS-ROYAL.

—

M DCCC XXVI

IMPRIMERIE DE DONDEY-DUPRE, RUE SAINT-LOUIS N° 46, AU MARAIS

DE LA

LIBERTÉ DE LA PRESSE

DANS LA MONARCHIE REPRÉSENTATIVE (1).

Dans toutes les questions où la vérité ne se découvre que par une série de raisonnemens, il y a bien peu de propositions qui ne soient attaquées et défendues avec une égale bonne foi. De part et d'autre, on a cherché avec le même soin à s'éclairer et à se convaincre ; mais une seule donnée inaperçue ou contestée, une seule déduction que l'on n'étend pas assez loin, amènent des conséquences différentes. Cette incertitude de notre intelligence, et cette lutte des esprits, se rencontrent avec plus de raison encore, lorsqu'il s'agit de discuter une question

(1) Les principales idées de ce chapitre sont détachées d'un ouvrage qui paraîtra bientôt.

constitutionnelle, compliquée avec toutes les
autres mesures de gouvernement et de police
sociale. La vérité, dans ces sortes de questions, n'est jamais que relative; on ne peut
donc les décider d'une manière absolue. Il ne
suffit pas de remonter aux principes, il faut
encore savoir s'il est possible de les suivre. Au
sujet même des principes, il règne une guerre
intestine entre la théorie et la pratique, à
cause de l'opposition de leurs résultats; ce
qui montre qu'en toute chose, il faut accorder
les règles avec les positions.

Nous commençons ce chapitre sur la liberté
de la presse par ces réflexions, parce qu'il n'y
a qu'elles qui puissent expliquer comment,
après douze années d'expérience, des milliers
d'articles de journaux, quatre à cinq cents
brochures, huit lois (1), partant huit discussions solennelles au sein des pouvoirs publics,
le gouvernement ne se trouve pas plus avancé

---

(1) Lois du 21 octobre 1814; du 17 mai 1819; du 26 mai 1819;
du 9 juin 1819; du 31 mai 1820; du 26 juillet 1821; du 17 mars
1822; du 25 mars 1822.

qu'au premier jour, et qu'il soit comme contraint de recommencer les mêmes débats. Les paroles émanées du trône sont empreintes de la profonde conviction de cette impérieuse nécessité.

Cette insistance et cette sollicitude sont faciles à concevoir. Si, pour être obéi, il suffisait de commander, tant de précautions ne seraient pas nécessaires. Mais soit comme individu, soit comme citoyen, l'homme n'est pas seulement un être physique. Il a besoin de trouver dans la sagesse des lois qui le régissent, comme une image agrandie de sa propre raison, et comme un rayon de la divine intelligence qui gouverne le monde. Un peuple est un grand corps moral. Ce n'est donc que par une force morale qu'il est possible de le conduire. Elle seule peut rendre durable l'emploi des moyens matériels, dont l'autorité dispose. Cet appui de la force morale, si nécessaire partout où les progrès de la civilisation ont développé la raison des peuples, est surtout nécessaire en France, où l'on veut tout connaître, tout discuter, tout juger. Une

révolution n'a été possible, en 1789, que parce
que les actes du gouvernement n'entraînaient
plus la confiance. Tous les essais nés au sein
de nos discordes n'ont eu une si courte existence, que parce que les hommes de cette dé-
sastreuse époque ne l'obtinrent jamais. Si la
dernière domination eut d'abord plus de succès, c'est que, trouvant la licence fatiguée
d'elle-même, la force morale servit quelque
tems de cortége à la force militaire. Enfin, si
aujourd'hui, après tant de calamités, il faut encore travailler à consolider le gouvernement
du roi, le problème à résoudre ne peut rouler
que sur le choix des combinaisons propres à
lui conserver cette force, sans laquelle, dé-
sormais, aucune puissance sur la terre ne
pourra plus marcher.

Or, la presse en est le grand ressort. Aucun
autre moyen ne saurait agir avec autant d'efficacité sur l'esprit des hommes. Les lois sur
la presse sont donc réellement les plus importantes de toutes les lois. C'est à elles que sont
suspendus le sort de l'auguste dynastie qui
règne sur nous depuis huit siècles, et le des-
tin de la France.

Placés, pendant quelques instans de manière à pouvoir recueillir, sur cette grande question, des connaissances spéciales, nous avons toujours pensé que la cause de tant d'infructueux efforts provenait de ce qu'en matière de liberté de la presse, on confondait deux choses entièrement distinctes, et que, comme les raisons qui s'appliquaient à l'une ne pouvaient s'appliquer à l'autre, toute loi qui les amalgamait était vicieuse par sa base. C'est aux illustres magistrats chargés par le roi de peser toutes les considérations qui se rattachent à ce sujet, que nous adressons nos réflexions. Nous les publions avant de connaître le projet qu'ils soumettront à la discussion ; parce que si elles avaient réellement l'importance que nous leur supposons, peut-être vainement, ils seraient encore à tems d'en tirer quelque fruit. L'efficacité d'une loi est un problème dont la solution exige la parfaite connaissance de toutes les faces sous lesquelles elle peut être envisagée.

On entend par la liberté de la presse, le droit qu'a tout citoyen de discuter, de contrôler, de déférer à l'opinion publique les actes quelconques du gouvernement, ceux de ses fonctionnaires, les lois faites et à faire, et même les jugemens rendus.

Il est inutile d'examiner si un gouvernement, tel sage qu'il soit, peut supporter l'épreuve de cette contradiction publique de la part de tant d'individus à la fois, et si l'on n'a pas craint que la licence des discussions, en agitant les plus funestes doctrines, ne finît par ébranler jusqu'aux fondemens de l'ordre social.

La réponse aux inquiétudes est que, dans tout système représentatif, à tel principe particulier de gouvernement que ce système se rapporte, la liberté de la presse rend des services si éminens et si indispensables, que, pour ne pas se priver de ses avantages, il faut savoir supporter quelques-uns de ses inconvéniens; qu'elle est le mobile le plus actif et le plus puissant de tous les états, dont la nature est de gouverner par la force de l'esprit public : enfin, que sans la liberté de la presse, ces sortes de gouvernemens ne pourraient même pas se concevoir.

Au point où nous sommes arrivés, il est même à peu près superflu de chercher s'il n'y a pas une difficulté particulière d'étendre ce droit aux journaux. On nous interromprait pour dire que, par la liberté de la presse, on entend plus particulièrement la liberté des journaux; et que, sans le droit, qui leur est inhérent, de remettre, chaque matin, la discussion et le contrôle des actes de l'autorité à la porte de chaque citoyen, de les déposer dans des milliers de cabinets de lecture, dans tous les lieux de réunion, de les distribuer dans les campagnes comme dans les villes, au menu peuple comme à la classe aisée, il n'y aurait point de liberté de la presse.

Ces caractères des journaux, si distincts de ceux de toutes les autres productions littéraires, le nombre si prodigieux de leurs lecteurs, surtout leur point de contact avec les classes les moins éclairées, partant, les plus accessibles aux frayeurs et aux passions, avaient

fait penser long-tems que, bien qu'ils ne
fussent pas mis, par la charte, hors du droit
politique de la presse, ils en étaient cependant
dant exclus par leur propre nature ; qu'il n'y
avait point d'inconvéniens légers pour un
journal ; que ses moindres abus étaient effrayans
frayans ; que rien ne pouvait résister à la
constance et à la continuité de son action :
enfin, que le seul moyen de concilier l'ordre
public et l'existence des journaux était de les
soumettre à la censure.

Ces argumens pourraient, sans doute, être
appuyés de beaucoup d'autres ; mais, dans un
gouvernement à trois pouvoirs, la censure ne
peut pas être ce qu'elle serait dans un gouvernement
vernement absolu. Elle ne peut être absurde
ni même tyrannique. Il faut qu'elle maintienne
tienne les journaux dans toute l'étendue de
leur sens politique, quel que soit celui qu'ils
aient embrassés, le sens des oppositions
comme celui du gouvernement. Il faut
leur laisser imprimer, sans changemens, tous
ceux de leurs articles auxquels on ne peut
faire l'un de ces deux reproches : ou, que ces

articles sont déjà condamnables par les dispositions des lois existantes, ou, du moins, qu'ils le seraient en les jugeant par des dispositions justes et nécessaires. Après avoir surmonté ces obstacles, si tant est qu'ils soient surmontables, il ne manquera pas de gens qui trouveront encore la censure trop rigoureuse, tandis que d'autres ne la trouveront jamais assez sévère ; de sorte que le gouvernement du roi restera toujours responsable, tout à la fois, de ce que la censure aura empêché et de ce qu'elle aura permis. La censure est donc à peu près aussi difficile que la loi. Mieux vaut donc tenter de faire une loi, qui, comprenant les journaux dans son efficacité , dispense le gouvernement de la censure, que d'exercer une censure qui ne dispense pas de la sagesse de la loi.

Comme nous croyons fermement à la possibilité de cette loi et à son efficacité ; comme nous croyons que, tels graves, tels rapides, tels constans que puissent être les abus des journaux, la loi peut trouver des moyens tout aussi prompts et tout aussi constans de les atteindre; comme nous croyons que l'étendue du remède peut égaler l'étendue du mal, nous ne balançons pas à prendre la liberté de la presse, telle que l'entendent ses partisans les plus exagérés ; celle des journaux comme celle de toutes les autres productions littéraires. Loin de peser sur les inconvéniens généraux inséparables de cette liberté, nous ajouterons, plutôt que de retrancher, aux considérations qui, tant de fois, ont été exposées sur la nécessité de conserver ses avantages.

La charte, de qui nous la tenons, n'est pas seulement un grand acte de souveraineté royale ; c'est encore un accord entre des opinions opposées ; un traité entre deux partis contraires, qui, depuis vingt-cinq ans, s'étaient aigris, divisés et même combattus au dedans comme au dehors. La liberté de la presse est le gage qui leur a été donné contre toute possibilité d'une nouvelle oppression. Et, c'est peut-être sous ce rapport, qu'elle a, quant à présent, rendu les plus grands services.

Dans le système féodal, les guerres se

terminaient par des cessions de places fortes. Dans le système représentatif, elles se terminent par des cessions d'articles constitutionnels. Ce sont là aujourd'hui nos places de sûreté. Ainsi, la disposition de la charte, qui accorde la liberté de la presse, est non-seulement la cession d'un droit, c'est encore *la garantie de tous les droits*. Elle est non-seulement sacrée comme un des ressorts les plus importans de notre gouvernement; mais comme un des articles fondamentaux du traité qui mit fin à nos dissentions.

Toutefois en accordant aux partis une place de sûreté, que, pour leur garantie réciproque, ils doivent occuper d'un commun accord, la chàrte n'a pas voulu les placer dans un fort tellement élevé, que, de ce point, ils pussent impunément, et sans le moindre péril pour eux-mêmes, détruire d'abord tous les ouvrages avancés, et, enfin, foudroyer tout le système de défense du gouvernement. Le mot *liberté* est maintenant inscrit sur le drapeau des assaillans; mais une fois maîtres du corps de la place, ils pourraient bien

changer de devise en changeant de position.
Telle n'a pas pu être l'imprévoyance du monarque pacificateur. Transcrivons la clause
du traité.

Article 8. — « Les Français ont le droit de
» publier et de faire imprimer leurs opinions
» en se conformant aux lois qui doivent ré-
» primer les abus de cette liberté. »

Il y a ici deux dispositions bien distinctes.

Par la première, la Charte consacre la liberté de la presse pour tous les Français.

Par la seconde, elle consacre, pour le gouvernement, non-seulement le droit, mais
l'obligation de faire toutes les lois propres à
réprimer les abus de cette liberté. Le mot
doivent embrasse la nécessité encore plus que
la faculté de remplir cette disposition.

Le premier paragraphe assure la garantie
des citoyens ; le second assure celle du gouvernement.

N'a-t-on pas déjà assuré cette garantie ?
N'a-t-on pas déjà fait ces lois ?

Nous ne balançons à répondre : non.

Il est vrai qu'à la liste des délits déjà classés dans le code pénal, on a ajouté quelques-uns de ceux qui pourraient être plus particulièrement commis ou provoqués par le moyen de l'instrument appelé *presse*. Mais, en se bornant à ce point de vue, on n'a pas même effleuré la question constitutionnelle des abus de la presse.

Il y a une grande différence entre un *délit* de la presse et un *abus* : et c'est dans cette différence qu'est caché tout le mystère de cette législation. C'est là l'importante donnée échappée jusqu'ici à la méditation. C'est elle qui domine tout ce sujet ; et comme elle y répand beaucoup de lumière, elle doit constamment nous servir de guide.

Depuis l'invention de l'imprimerie, et dans tous les pays où il y a une presse, cet instrument peut servir à des *délits* comme tout autre instrument. Mais il ne peut y avoir d'*abus* de la presse que dans ceux où la liberté

2

de s'en servir est érigée en droit public, et in-
troduite comme un rouage indispensable de
la machine à gouverner.

La nécessité de deux législations de la
presse, celle des *délits* et celle des *abus*, est
la déduction et la conséquence naturelle de
ces deux faits. Développons rapidement les
caractères distincts de ces deux législations.

Rien n'oblige, même dans les gouvernemens
à trois pouvoirs, d'accorder à la liberté de la
presse une domination sans bornes. Tout
commande, au contraire, de lui assigner des
limites. C'est dans l'intérêt public que cette
liberté a été établie ; ce n'est que dans cet
intérêt qu'elle doit être exercée. La nature du
danger indique donc assez la nature de la
première partie de la législation de la presse.

Nous avons poussé trop loin le scrupule
quand, aux premières lignes de ce chapitre,
nous avons comme annoncé la nécessité de
sacrifier, dans cette question, la théorie à
l'expérience et les principes à la raison d'état.
Il n'y a pas de principes qui puissent empê-
cher de soustraire à l'action de la presse tous

les cas où elle n'aurait que des inconvéniens.
Par exemple c'est une maxime déjà passée
dans nos mœurs, que la vie privée doit être
murée (pour emprunter l'expression d'un
puissant orateur); attenter à la vie privée par
le moyen de la presse , c'est, dans le sens qui
doit être attribué à la première partie de la
législation, commettre un *délit* et non pas un
abus ; parce qu'il n'y a que des dangers et
aucun intérêt à ce que la presse puisse ex-
plorer la vie privée. La vie d'un homme lui
appartient. Nul autre que lui n'a de droit sur
cette propriété. La poursuite ici pourrait
être fort simple. Le ministère public devrait
se borner à ce peu de mots :

« Voilà un imprimé dans lequel une ou
plusieurs personnes sont diffamées , quoi-
qu'exemptes par leur position sociale de tout
contrôle, et quoique le fait sur lequel porte
cette diffamation , soit également hors du do-
maine de la presse : il y a donc délit, et je
réclame l'application de la peine portée par
l'art..... ».

Si le libelle offensait une femme mariée

ou non mariée, la loi devrait doubler l'a-
mende, indépendamment de la punition
corporelle. Qui pourrait vouloir vivre dans
un pays où l'honneur des familles, le plus
sacré des biens, est à la merci d'un écrivain
affamé ? Il y aurait encore un grand avan-
tage à ce que ces libelles fussent poursuivis
d'office. Indépendamment du tort qu'ils font
aux individus, ils troublent la paix publique,
et doivent subir les conséquences des délits
de ce genre. Maintenant le plus infâme libelle reste inattaqué, et aucune poursuite n'a
lieu si l'individu inculpé ne porte lui-même
plainte aux tribunaux. C'est faire la part trop
large à la licence, et laisser trop de chances
à l'impunité.

Mais ce n'est pas seulement la vie privée
qu'il importe de murer ; parce qu'elle n'est
pas à elle seule la garantie de la société tout
entière ; parce que ce n'est pas là le seul cas
où la liberté de la presse n'a que des dangers,
sans aucun intérêt public.

Sans doute les *actes* des pouvoirs politiques
et religieux sont et doivent rester soumis à la

discussion et au contrôle de la presse ; mais les *fondemens* de la religion et de la société doivent lui être soustraits. Laisser mettre en question les conditions de l'existence politique et religieuse de la société, comme conséquence du droit de discuter les actes des pouvoirs civils et religieux, c'est conclure qu'on peut mettre le feu à un édifice avec le flambeau qu'on a reçu pour l'éclairer.

En matière religieuse, quel intérêt public peut-il y avoir à ce qu'on mette en question *l'existence de Dieu, l'immortalité de l'ame, la divinité de Jésus-Christ, la vérité de la révélation ?*....

On nous opposera l'article 5 de la Charte : « Chacun professe sa religion avec une en- » tière liberté, et obtient, pour son culte, la » même protection. »

La liberté des cultes n'est pas la guerre des cultes. En laissant à chacun la faculté d'adorer Dieu à sa manière, la Charte n'a pas entendu que le Dieu des chrétiens se- rait traité au milieu d'une population, pres- que toute chrétienne, comme un *raïa* au mi-

lieu d'une population presque toute musul-
mane. Ce ne serait pas là protéger également
tous les cultes. La Charte n'a pu accorder la
liberté religieuse, que sous la condition, pour
les religions également protégées, de respec-
ter la religion de l'état.

S'il en était autrement, sa position serait
plus défavorable que celle de toutes les autres religions. Celles-ci sont libres et indé-
pendantes dans leurs dogmes, comme dans
leurs disciplines. Notre religion, à nous, est *dé-
terminée*. C'est uniquement la religion catho-
lique, fondée sur nos usages et nos libertés :
ses effets temporels sont soumis à l'autorité
souveraine de nos rois, et à notre droit public. Que deviendra-t-elle si nous la laissons
encore en butte, tout à la fois, aux attaques
des hommes entièrement irréligieux, et à celles
de toutes les sectes dissidentes ? Humaine-
ment parlant, il serait impossible qu'elle ne
succombât pas. Ce ne serait donc pas violer
la Charte ; mais, au contraire, l'exécuter rigoureusement, que de réaliser les droits qu'elle
a établis par les seuls moyens qui permettent
de les exercer.

En matière politique, quel intérêt public est attaché à ce qu'on mette en question la souveraineté du roi, le droit des chambres de rejeter toutes les propositions qu'elles regardent comme contraires, soit aux intérêts du roi lui-même, soit à ceux du pays ; enfin, le droit des citoyens de discuter et de contrôler les actes de l'autorité ?

Il nous semble que ce sont-là les trois bases de la monarchie représentative ; d'abord, le principe monarchique, et ensuite, les institutions garantes de la faculté de représentation. Nous ne balançons pas à placer la liberté de la presse elle-même hors des atteintes de la presse. C'est violer le principe de toute législation que de se servir d'un droit pour attaquer les fondemens mêmes de ce droit. Par toute la terre, on punit les incendiaires. Il ne peut y avoir de privilége pour les incendiaires de l'ordre social.

Rien ne serait plus simple que la législation des délits de la presse. Elle consisterait uniquement dans la classification des matières soustraites à son action. En même tems rien ne serait plus facile que l'application de la loi.

Dans les délits ordinaires, il n'y a qu'une chose de constante, c'est le délit lui-même ; mais le coupable est presque toujours incertain. De là, toutes les précautions propres à garantir le prévenus contre les erreurs. De là, les formes plus indispensables les unes que les autres pour rassurer l'innocence. Dans les délits de la presse, au contraire, le coupable est, pour ainsi dire, plus évident que le délit lui-même. A défaut de l'auteur, c'est l'imprimeur. Il n'y a pas de danger à être sévère, parce qu'il est impossible d'être injuste.

Dans la seconde partie de la législation de la presse, dans la législation des *abus*, dans celle qui est spécialement ordonnée par la seconde disposition de l'article 8 de la Charte, les choses doivent se passer bien différemment.

La poursuite des délits est facile ; parce que les tribunaux ne peuvent élever aucun doute sur la criminalité de l'acte qui fait le sujet de l'accusation. Il n'est pas plus permis de diffamer un peu que de voler un peu, que de blesser légèrement. La culpabilité de l'accusé ne dépend pas du plus ou moins de latitude donnée à un droit, puisqu'il n'a aucun droit. Il s'agit d'un fait, et ce fait, qu'il ait plus ou moins de gravité, est toujours un fait coupable.

Il n'en est pas de même de la poursuite des abus. A côté de l'*abus*, que la Charte ordonne de poursuivre, se trouve le *droit* qu'elle ordonne de protéger. Vient-on à se tromper dans cet acte si difficile ; le magistrat protége-t-il l'abus, quand il fallait le poursuivre ? c'est l'ordre public qui est en péril. Au contraire, poursuit-il l'abus quand il fallait protéger le droit ? c'est la liberté de la presse qui succombe, et, avec elle, toutes les autres libertés.

Cette seconde partie est, comme on le voit, aussi compliquée que la première était simple. Arrêtons-nous donc ici un instant. Administrons, avant de réprimer. Ce premier moyen doit rendre moins fréquente la nécessité de recourir au second.

Envisagée dans son ensemble, dans ses immenses moyens, comme dans ses immenses résultats, la presse paraît braver toutes les combinaisons de l'esprit humain. Seule, on la dirait plus forte que la société toute entière. Mais en la divisant, les parties qui la constituent deviennent plus faciles à saisir. Tel est le pouvoir de l'analyse. Soumis à son épreuve, le sujet le plus opiniâtre prend, de la docilité, à peu près, comme le métal le plus dur, jeté dans le creuset, y devient tout à coup ductile et malléable.

Si, en matière de presse, il n'y avait que des délits ou des abus, ce que nous allons dire serait inutile. La poursuite des délits comme des abus est l'affaire de la justice. Mais la presse doit être envisagée sous un rapport bien autrement important : sous celui de savoir quels sont pour le gouvernement les moyens les plus propres à contrebalancer son action.

Pendant que le gouvernement régit les affaires de l'état, la presse, de son côté, lui dispute cette direction. Elle a ses vues et ses plans ; elle projette ses lois; elle indique les nominations à faire, et contrôle celles qui sont faites. Elle médite ses pairs, ses députés, ses ministres. Elle correspond avec tous les citoyens pour leur faire adopter ses idées, et rejeter celles qui lui sont contraires. En un mot, partout elle oppose son influence à celle du gouvernement; et dans tout ceci, il n'y a rien qui ne soit dans son droit. Il n'est donc plus question de punir, il faut combattre. Cette remarque nous paraît si évidente, qu'il suffit de l'énoncer pour la mettre à l'abri de toute contradiction.

Indépendamment de cette lutte de la presse et de ces continuels débats, qui roulent sur les mêmes objets qui sont ou seront à discuter soit dans les conseils du monarque, soit dans les chambres législatives, il y a d'autres rapports sous lesquels elle joue encore un grand rôle.

Aujourd'hui, on ne conduirait pas plus les habitans d'un hameau que ceux d'un empire, si ou ne faisait aucune attention au tour que prennent les vœux, les craintes et les espérances. L'action sur toutes ces choses est maintenant regardée comme une partie indispensable de l'art de gouverner.

Les opinions inattendues, qui se répandent comme des torrens au milieu d'une population avide de nouveautés ; cette brochure nouvelle destinée à l'entraîner vers des idées que l'autorité ne pourra satisfaire ; ces articles de journaux, qui, s'ils échouent aujourd'hui dans leurs vues ennemies, recommenceront demain, les jours suivans, et, s'il le faut, pendant des années entières ; enfin, jusqu'à ce qu'ils aient réussi ; ce sont là des faits qui n'outrepassent point les limites de la liberté de la presse : et cependant ce sont des faits sur lesquels il est indispensable que le gouvernement exerce son influence.

Ensuite il n'est pas toujours nécessaire que la presse soit hostile, pour qu'elle doive provoquer l'attention du gouvernement.

Des ouvrages sont fréquemment publiés sur des branches de l'administration, sur des parties importantes de l'économie politique, sur de grandes questions constitutionnelles ; le gouvernement doit en avoir une parfaite connaissance. Il ne doit rester en arrière d'aucune idée utile, d'aucun de ces grands traits de lumière, qui se rattachent à ses vastes travaux.

Comment concevoir cette parfaite connaissance de cette sorte de statistique politique et morale? Comment concevoir ce combat de doctrines opposées, sans une grande magistrature qui en soit particulièrement chargée, sans la création d'un ministre du département des forces morales, travaillant directement avec le roi, comme tous les autres ministres, et prenant, comme eux, la parole dans les chambres, toutes les fois que les besoins de son service l'exigeront? Si quelqu'un imaginait que l'étendue de capacité nécessaire pour de pareilles fonctions est au-dessous de la nécessité d'une pareille création, il serait dans l'erreur. On trouvera plus facilement un bon ministre des finances, un bon ministre des affaires étrangères, qu'*un bon ministre de l'imprimerie et de la librairie.*

Qu'on n'aille pas croire davantage qu'il

soit au-dessous d'un ministre de descendre
dans l'arène, où il sera entraîné par les brochures et les journaux. Leur puissance est si
grande, qu'il n'y a d'ature alternative que
de la leur disputer avec des moyens analogues
à ceux qu'ils emploient, ou d'en subir le
joug. Cette pensée paraît même avoir été
celle du monarque à qui nous devons la
liberté de la presse; car l'article 8 de la loi
du 9 juillet 1819, oblige les journaux d'in-
sérer les publications qui leur sont adressées
par le gouvernement le lendemain du jour
de l'envoi.

Qu'on veuille bien réfléchir à ce que le gouvernement gagnerait d'influence raisonnable,
à ce que les journaux perdraient d'influence
dangereuse, si leurs articles étaient réfutés le
lendemain du jour où ils auraient paru,
dans *le même journal*, sous le même titre, et
avec les mêmes caractères que ceux auxquels
ils serviraient de réponse. De cette manière,
l'opposition des journaux, toutes les fois qu'elle
ne serait pas fondée (et ce n'est que de celle-là
dont il importe de triompher), contribuerait

malgré eux, et cependant par eux, au succès des opérations qu'ils auraient attaquées. De cette manière, ils rempliraient le but véritable de leur institution ; celui d'établissemens particuliers protégés dans la vue d'un intérêt public.

Un autre point sur lequel la législation des journaux semble réclamer un changement complet, c'est celui de leur privilége. Car cette liberté des journaux, pour laquelle on fait tant de bruit, n'est, en réalité, qu'un monopole à l'aide duquel vingt personnes, peut-être, reçoivent du gouvernement le droit exclusif de faire, à elles seules, les croyances religieuses et les doctrines politiques des trois quarts de la France, qui n'ont pas d'autre lecture.

Ce privilége blesse tout à la fois les intérêts de la liberté de la presse, dont il absorbe tous les droits, et ceux de la littérature, dont il usurpe toute l'influence. Il blesse les intérêts du gouvernement lui-même. Un plus grand nombre de journaux, en divisant leurs forces, ôterait nécessairement à leur intensité. Au moins en faudrait-il pour toutes les opinions ; maintenant celles qui ne rentrent pas dans

une des trois catégories où nous sommes
enclavés, sont exclues des journaux. Sur ce
point chaque journaliste se transforme en un
censeur impitoyable. Le nombre trop limité
des journaux est encore la cause que quelques-
uns d'entre eux ont presque autant d'abonnés
que les petits princes ont de sujets : et, au ton
dont ceux-là nous gourmandent quelquefois,
on serait tenté de croire que l'illusion des
nombres a réagi jusque sur l'illusion des idées.

Tous tant que nous sommes, dont la vie
était déjà faite aux premiers jours de nos orages,
si nous n'avons pas combattu dans l'un ou
l'autre camp, du moins nous avons fait des
vœux pour l'une ou l'autre armée. Aussi la
jeunesse nous accuse de n'avoir que des opinions commandées par des souvenirs. Elle
s'avance, dit-on, avec des doctrines plus gé-
néreuses. La liberté des journaux lui fourni-
rait un moyen de préluder dans la lice où elle
sera bientôt maîtresse absolue. Nous quitte-
rons-nous donc sans avoir échangé une seule
parole ensemble, sans pouvoir asseoir du moins
un pressentiment sur l'avenir de la patrie ?

On redoute la lutte des exagérations. Si les journalistes, pris collectivement, spéculent sur l'avidité du public pour les matières politiques, pris individuellement, ils spéculent, les uns contre les autres sur la meilleure manière de satisfaire les passions du parti qu'ils ont intérêt à faire triompher. On mettra du scandale dans les journaux comme on bat du tambour sur les tréteaux pour attirer la foule. Nous avons déjà répondu, en partie, à ces inquiétudes par la législation des délits de la presse ; nous allons continuer notre réponse par la législation de ses abus.

Les *délits* de la presse sont comme tous les autres délits : ce sont des faits précisés à l'avance par le texte formel de la loi. Les *abus* de la presse sont aussi des faits ; mais ceux-ci, par leur nature, échappent à la prévision du législateur. L'idée de classer à l'avance méthodiquement tous les abus qui peuvent naître de la liberté de la presse équivaut à celle de classer à l'avance les diverses positions dans lesquelles un pays peut se trouver, multipliées par toutes les

3

combinaisons des lettres de l'alphabet. L'abus
d'un écrit tient à un ordre de probabilités
impossibles à calculer. Il dépend de certains
événemens particuliers, joints à la situation
générale des esprits. Si la loi ne peut préciser, à
l'avance, ni ces événemens ni cette situation,
elle ne peut pas préciser davantage les abus
dont un écrit peut se rendre coupable. Qui
n'a pas lu des articles de journaux, des brochures, des livres mêmes, tellement impré-
gnés de perfidie, que si on avait pu les tor-
dre, il n'en serait sorti que du venin? Cependant vous y auriez vainement cherché le pas-
sage, la phrase, le mot même qu'il eût été
possible d'incriminer.

L'obligation de faire la loi répressive des
abus de la presse, et l'impossibilité de les ca-
ractériser à l'avance, sont les deux données
inséparables de cette seconde partie de la législation. Tout jugement à intervenir, en
matière d'abus de la presse, sera toujours, en
même tems, une loi à faire; car réprimer par
une condamnation un abus que la loi n'a pu

préciser à l'avance, c'est, tout à la fois, rendre un jugement et faire une loi.

La nécessité et l'impossibilité de la loi étant établies, si le problème reste encore soluble, ce ne peut être que par la raison composée de cette nécessité et de cette impossibilité. Si on ne peut faire une *loi écrite,* il ne reste d'autre parti à prendre que de faire une *législation vivante.* Il ne reste qu'à établir une institution, qui, prenant son origine au sein même des pouvoirs politiques, recevra de là le droit de faire des lois ; une institution qui, étant assujétie à des formes garantes de son impartialité, recevra de là le droit de rendre des jugemens ; enfin une institution, qui, étant comme identifiée avec les mystères de notre position et avec nos doctrines, sera comme forcée, pour sa garantie particulière, de protéger la liberté de la presse que la charte proclame, et de punir ses abus que la charte proscrit. Nous l'appellerons GRAND JURY DE LA PRESSE.

Les grands jurés seraient au nombre de vingt-un.

Sept seraient pris dans la cour de Cassation, comme représentans du pouvoir monarchique (1).

Sept dans la chambre des Pairs, comme représentans du pouvoir aristocratique.

---

(1) Dans l'ouvrage dont nous avons détaché ce chapitre, nous ne prenons pas les représentans du pouvoir monarchique au grand jury, dans la cour de Cassation, qui n'appartient pas à la hiérarchie des pouvoirs politiques. Nous les choisissons au sein d'une institution destinée à représenter la capacité législative du monarque dans les débats solennels auxquels la loi est assujétie avant de recevoir la sanction souveraine. L'institution nous manque, et nous attribuons à cette lacune les graves inconvéniens de notre position.

Représentans *responsables* de la capacité exécutive du monarque, les ministres ne peuvent être, en même tems, les représentans *irresponsables* de sa capacité législative, sans que, par cette réunion, nous ne tombions dans un système autre que celui que la Charte a fondé, et qui, quoi qu'on en dise, n'a d'exemple nulle part.

Une monarchie représentative, dans laquelle le monarque n'est pas spécialement représenté, ressemble à une aristocratie représentative, dans laquelle il n'y aurait pas de chambre des Pairs, ou à une démocratie représentative, dans laquelle il n'y aurait pas de chambre des Communes. Déjà nous avons, une première fois, esquissé ces idées. Nous leur donnerons bientôt les développemens indispensables à leur parfaite intelligence.

La plus grande puissance du monde c'est la pensée ; mais s'il

Sept dans la chambre des Députés, comme représentans du pouvoir démocratique.

Les grands jurés de la presse seraient renouvelés chaque année par la voix du sort, dans le mois qui suivrait celui de l'ouverture de la session des chambres.

Le procureur de la Couronne près le grand jury serait choisi par le Roi parmi les membres de la chambre des Pairs, sur une liste de candidats présentée par la chambre des Députés.

Un exemplaire de tous les journaux et de tous les ouvrages imprimés serait adressé au procureur-général près le grand-jury, le jour même de leur publication.

---

lui arrive de heurter les opinions accréditées ; comme elle a, dès-lors, pour adversaires obligés tous les docteurs et tous les maîtres du jour ; sous combien de formes diverses ne doit-elle pas se présenter, avant de parvenir seulement à se faire remarquer. Ensuite combien de tems ne doit elle pas être traitée d'usurpatrice, avant que sa légitimité soit patente et généralement reconnue.

Dans le cas où l'un de ces écrits serait par lui présumé coupable d'un des *délits* prévus dans la première partie de la législation de la presse, il le renverrait aux tribunaux ordinaires.

Dans le cas de présomption d'*abus* de la presse, il le déférerait au grand-jury.

La réquisition de trois grands jurés suffirait, en outre, pour la convocation de la cour et la mise en prévention de tout imprimé qu'ils auraient désigné.

Les jugemens qui pourraient être rendus en matière d'abus de la presse contre des membres de la chambre des Pairs ou de celle des Députés, ne seraient exécutoires qu'après avoir été préalablement soumis à la ratification de celle des deux chambres à laquelle appartiendrait le Pair ou le Député condamné (1).

––––––––––––

(1) En Angleterre, par la déclaration de 1663, les membres des deux chambres qui écriraient ou publieraient des libelles sont

Le nombre des grands jurés indispensables
pour rendre un jugement ne pourrait être
moindre de quinze. Ils prononceraient leurs
arrêts à la majorité absolue des suffrages.

La qualité d'avocat ne serait pas indispensable pour défendre les prévenus d'abus de
la presse devant le grand-jury.

Ici pourrait finir toute la seconde partie de
la législation. La loi des abus de la presse sera
complète le jour où la presse sentira le besoin
d'être sévère pour elle-même ; et elle sentira
le besoin de cette sévérité le jour où la conscience d'un tribunal n'aura aucune entrave
pour suivre la conscience des écrivains ; où
la pensée sera suspendue sur la pensée , l'esprit sur l'esprit, la punition sur l'infraction.

La loi des abus est tout entière dans la
spécialité d'une institution armée du triple

---

mis hors des priviléges du parlement. (BLACKSTONE, *Commen-
taires sur les lois anglaises.*)

pouvoir de déclarer; comme jury, qu'un imprimé, dont l'arrangement des phrases et
des mots a été impossible à prévoir à l'avance,
est un abus; comme législateur, d'ordonner
que cet abus sera puni d'une amende, dont
la valeur et la durée ne peuvent pas être plus
fixées à l'avance que la nature des abus
qu'elle est destinée à réprimer; et enfin,
comme juge, de faire l'application de la loi
qu'elle aura rendue. Ces sortes d'affaires ne
doivent pas ressembler au jeu des gobelets,
où la muscade paraît et disparaît à la volonté
du jongleur.

Pour qu'une loi soit bonne, il n'est pas nécessaire qu'elle soit sévère. La sévérité d'une
loi commence à nuire à son exécution, et finit
bientôt par la rendre entièrement illusoire.
Il suffit qu'elle soit en harmonie avec toutes les circonstances inhérentes au sujet
qu'elle est destinée à régler, et avec la nature
du gouvernement auquel elle ne doit appor-
ter que des genres de force et de durée. Toute
loi destinée à statuer sur les conditions d'une
grande attribution constitutionnelle, et qui

tendrait à altérer le principe du gouvernement, ou qui même, sans l'altérer, ne le fortifierait pas, par son identité d'esprit et de but, serait une mauvaise loi.

L'ordre des idées ordinaires de la justice n'est ici interverti que parce que, pour être efficace, l'ordre des idées doit suivre l'ordre des choses. Les délits ne sont pas faits pour les tribunaux ; mais les tribunaux pour les délits. Il y a des cours d'amirauté, des tribunaux de commerce. Ils ne jugent pas dans la forme accoutumée des tribunaux ordinaires. Des voix habituées à réclamer pour tous les besoins de la monarchie, ont déjà plusieurs fois demandé une haute cour administrative pour la garantie des libertés politiques des Français, et même de celles de la France. Nous aurions aussi une haute cour de la presse. La division des attributions est, dans un gouvernement, ce qu'est, dans un atelier, la division du travail, c'est-à-dire la raison de ses progrès et le chemin de la perfection.

Des considérations d'un ordre encore plus élevé, s'il est possible, militent en faveur de

l'institution d'un tribunal de la presse assez
fort pour réprimer ses abus, mais en même
tems assez élevé dans la sphère politique,
assez identifié avec le besoin de cette liberté,
pour n'en jamais compromettre les avantages.

Un gouvernement est une sorte de mécanisme composé de *forces* et de *résistances*.
Dans cette occasion, les forces prennent
le nom de *pouvoirs*, et les résistances celui
de *libertés*. Le pouvoir ne peut donc pas plus
se passer de libertés, que les libertés de pouvoir.

S'il n'y avait pas quelque chose de dé-
plorable dans la division des hommes en partisans exclusifs des pouvoirs et en partisans
exclusifs des libertés (comme si, dans un ensemble, on pouvait détacher un rouage, sans
paralyser tous les mouvemens); il n'y aurait rien
que de puéril dans le spectacle d'une nation,
dont presque tous les individus sont entraînés
dans un demi-système : de sorte qu'il ne leur
reste qu'une demi-conscience et qu'une demi-
justice. La science du législateur consiste non
seulement à ce que les résistances ne soient pas

disproportionnées avec les forces, à ce qu'il
n'y ait pas plus de libertés que de pouvoirs;
mais même à ce que ces résistances, quand
elles ont fait leur office, contribuent à l'effet
général, pour lequel le mécanisme a été insti-
tué. Ainsi, quand nos deux oppositions, qui
sont un des caractères particuliers de notre
situation, ont fait leur office dans les cham-
.bres, et que la majorité a, par son vote,
terminé les débats; les organes de ces résistances sont les premiers à donner l'exemple de
la soumission, et prêtent ainsi au gouvernement la force particulière dont ils disposent.

De toutes les résistances qui entrent dans la
composition des gouvernemens à trois pouvoirs,
la plus forte, sans contredit, est la résistance
morale préparée par le moyen de la presse.
Si, dans ce cas, les ressources de compression
ne sont pas proportionnées aux ressources d'action ; si le ressort de la presse est le seul qu'il
soit impossible d'engréner avec les autres;
il est évident qu'il finira par les détruire
tous, et que la résistance deviendra la force.
Nous passerons alors du royaume de France

et du gouvernement des Bourbons, dans le royaume des brochures, sous le gouvernement des journaux. Force est donc d'atteindre les abus de la presse par des moyens proportionnés à leur nature.

La liberté de la presse est un ressort politique : il nous faut donc, pour en réprimer les abus, une institution du même ordre que lui. « C'est, dit Montesquieu, la plus commune, » comme la plus dangereuse des erreurs, de » décider par les règles du droit civil, ce qui » doit l'être par les règles du droit politique. » Dans la série des causes qui ont amené la révolution, une des plus éminentes fut celle de la réunion de la juridiction civile et de la juridiction politique dans les mains du parlement. La justice et la politique en furent également altérées. Les tribunaux ordinaires ne pourraient donc, sans le plus grand danger, rester juges des abus de la presse. « Il est ri- » dicule, (ajoute le grand penseur que nous » venons de citer), de prétendre décider des » droits des royaumes par les mêmes maximes » sur lesquelles on décide, entre particuliers,

» des droits pour une gouttière. » La presse est l'arme de la lutte représentative : les juges du camp doivent être choisis parmi ceux qui sont présumés avoir le plus de capacité dans ce genre de combat. Quand le point d'honneur était la règle des actions des hommes, les juges du point d'honneur étaient les maréchaux de France. Il n'y avait cependant pas de loi, qui les eût institués tels ; c'était la force des choses, qui veut que, dans toute affaire, on choisisse pour juges ceux qui offrent le plus de garanties qu'ils feront bonne justice.

La liberté de la presse est un ressort excentrique par rapport au mécanisme entier du gouvernement. Le but de cette institution est, en quelque sorte, d'accorder un mode de représentation à ceux qui ne font pas partie des corps représentatifs ; de faire que, par le concours de leurs lumières, ils exercent aussi une part quelconque d'influence sur la marche du gouvernement. Si le ressort de compression était excentrique aussi, le système entier manquerait d'ensemble et d'unité. Le

moyen de gouverner par la force morale serait entièrement séparé du moyen de gouverner par la force matérielle. Il y aurait deux
gouvernemens; et le plus fort des deux ne
serait pas celui dont le roi aurait la disposition.

Nous devons ajouter maintenant que l'institution d'un jury spécial de la presse, n'est,
sous aucun rapport, une innovation aussi ex-
traordinaire qu'elle le paraît peut-être au premier abord. Nos chambres ont, chacune dans
leur intérêt particulier, un pouvoir semblable
à celui qu'aurait l'institution du grand jury
dans l'intérêt général. La chambre des Pairs
et celle des Députés ont le droit de mander à
leur barre les auteurs des écrits par lesquels
elles se croient blessées, soit dans leur honneur, soit dans leurs prérogatives; et le pouvoir qu'elles exercent dans ces sortes de pro-
cès, n'a d'autres limites que leur conscience.

Nos chambres ont emprunté cette prérogative aux chambres anglaises, qui, de leur côté,

la tiennent de la nécessité où est tout gouvernement de ne s'en fier qu'à lui du soin
de son salut. Mais, en transportant chez
elles les prérogatives des chambres anglaises,
les nôtres n'ont pas pu, en même tems, trans-
porter pour la France, les conséquences que
cette forme de procéder a pour l'Angleterre.

Quand, en Angleterre, les deux chambres
sont garanties des atteintes de la presse, le gouvernement tout entier est à l'abri; parce que
l'Angleterre vit sous le gouvernement aristocratique des chambres. L'Angleterre est une république dans laquelle il y a un Roi. La France,
au contraire, est une monarchie dans laquelle
il est vrai qu'il y a une république; mais le
principe des deux gouvernemens est tout à
fait différent.

Chez nous, la république est l'accessoire, la royauté est le principal. Chez
eux, c'est la république qui est le principal, et la royauté l'accessoire; de sorte que,
quand nous empruntons une institution,

un usage à l'Angleterre, nous ne faisons jamais
que la moitié; quand nous ne faisons pas tout
à fait le contraire de ce qu'il faudrait faire.
La garantie de la prérogative des chambres
n'est, pour nous, que ce que serait pour eux
la garantie de la prérogative royale, dont ils
se sont fort peu occupés. En un mot, dans
toute comparaison entre les deux systèmes, il
faut procéder par analogie et non par simili-
tude. Or, ici l'analogie commande une institution de l'ordre de celles dont nous venons
de tracer l'esquisse.

Par malheur, les pouvoirs de la société, en
France, n'entendent pas cette question. On croit
vaguement qu'il n'y a qu'une sorte de gouvernement représentatif, à peu près, comme il n'y
a qu'une sorte de géométrie; et que le gouvernement de la Grande-Bretagne en est le
type éternel. Parvenus, sur une foule de
points, au sommet de la civilisation, sur ce-
lui-là on nous prendrait pour un peuple
ignorant et barbare qui commence sa car-
rière. Tel est notre état; tel sera celui
de toute nation qui entre dans les voies

constitutionnelles avec des antécédens équi-
voques, qui passe du despotisme à la liberté
par des moyens qui ne lui appartiennent pas
tous. Ainsi nous ont laissés la révolution et
l'empire ; car le sceptre impérial fut de la nature de ceux que forgent les fées dans leurs
ateliers magiques. Pour les uns, il était d'or,
et environné d'une brillante auréole de gloire:
pour les autres, il était de plomb, et n'avait
pour auréole que des ténèbres. Il serait superflu de dire lequel des deux pesait sur le gouvernement politique.

Nous avons reçu la monarchie représentative, sans en avoir la moindre idée ; et nous
sommes allés en chercher les règles, non dans
nos mœurs, mais dans celles d'un pays voisin
où des institutions qui portent le même nom,
sont adaptées à un principe opposé de gouvernement.

La charte française a donné au monde le
premier exemple d'institutions représentatives
appelées à la garantie spéciale du principe
monarchique. Dès-lors, tout était nouveau dans

les positions, dans celle du monarque, comme
dans celle des chambres ; dans celle des ministres comme dans celle des oppositions : et on
est allé vainement chercher des modèles pour
un tems et pour un pays, avec lequel d'autres
pays et d'autres tems n'avaient aucune ressem-
blance. C'était la nature même des choses;
c'était l'ensemble des faits et des idées , qui
constituent notre position politique et morale,
qu'il fallait interroger, pour en déduire les
conséquences qui s'y seraient rattachées.

Pour qu'un gouvernement soit représentatif (expression dont nous ne nous servons
que pour en montrer l'impropriété), il suffit
que les trois grands intérêts de la société y
soient représentés, et que les trois institutions garantes de cette faculté de représentation aient, chacune dans leur sphère, le libre
arbitre de leurs volontés. Mais quand on a dit
à quel signe on reconnaît qu'un gouvernement
est *représentatif*, il reste encore à savoir à
quel signe on reconnaît qu'il est *gouvernement*. Il reste encore à savoir quel est celui de
ces trois grands intérêts de la société qui est la

force dominante de l'état. Il reste à savoir quel est le principe qui imprime le mouvement et la vie à tout cet ensemble. Ainsi, à parler rigoureusement et à n'employer les mots que dans un sens positif, il n'y a point de *gouvernement représentatif.* L'union de ces deux mots fausse toutes les combinaisons législatives depuis douze années ; parce qu'elle substitue une idée qui devrait rester subordonnée à une idée qui doit être mère.

Le principe du gouvernement est le pivot autour duquel il est indispensable que tourne tout le système, les institutions comme les lois. Si, au lieu de cela, ou entend que ce sont les institutions qui doivent servir de pivot, et qu'elles doivent entraîner le principe à leur suite, on viole tout à la fois la loi de la nature et les règles de l'art : on prépare une révolution. En Angleterre, encore une fois, le pivot du gouvernement est républicain ; en France il est monarchique.

Monarchie, république ; ces deux puissances sont aux prises sur la terre. L'Angleterre est à la tête de l'une. La place de la

France serait à la tête de l'autre. Avec ses institutions, elle a tous les avantages de la république, et pourrait n'en avoir aucun des inconvéniens. Nous pourrions faire autorité sur ce point. Nous pourrions élever un phare au milieu des écueils, contre lesquels la vieille Europe semble devoir incessamment se briser. Une bonne loi de la presse, une loi en harmonie avec le principe monarchique, serait la partie capitale de cette glorieuse entreprise.

Paris, 22 Décembre 1826.